AF603014

preuve

CONSEIL D'ÉTAT.

DISCUSSION
DU PROJET
DE CODE CIVIL.

N.° 15.

SÉANCE du 14 Vendémiaire, an 10 de la République.

LE PREMIER CONSUL préside la séance.

Les deux autres Consuls sont présens.

Le C. RÉAL présente la section II du chapitre V, intitulée, *Dissolution du Mariage.*

Elle est ainsi conçue :

« Le mariage se dissout,

» 1.° Par la mort de l'un des époux ;

» 2.° Par le divorce légalement prononcé ;

» 3.° Par la condamnation contradictoire, ou devenue » définitive, de l'un des époux, à une peine emportant » mort civile. »

Cet article est soumis à la discussion.

Le CONSUL CAMBACÉRÈS demande qu'on dise, *et devenue définitive*, si toutefois l'on entend conserver le mot *contradictoire*.

Le C. TRONCHET dit que la contumace devenant définitive après un temps, on peut retrancher le mot *contradictoire*, et dire, « par une condamnation devenue » définitive. » Cette rédaction embrasse les deux cas.

L'article est adopté avec l'amendement du C. *Tronchet*.

A

Le C. RÉAL présente la section III, intitulée, *des seconds Mariages.*

L'article I.er est ainsi conçu :

« La femme ne peut contracter un nouveau mariage » qu'après dix mois révolus depuis la dissolution du » mariage précédent; le mari ne peut non plus contracter » un second mariage qu'après trois mois depuis cette » dissolution. »

Le CONSUL CAMBACÉRÉS demande quels sont les motifs qui ont déterminé la section à étendre la disposition au mari.

Le C. BOULAY répond que la décence paraît l'exiger.

Le PREMIER CONSUL pense que le terme de dix mois n'est pas assez long pour la femme.

Le MINISTRE DE LA JUSTICE dit que, dans nos mœurs, ce terme est d'une année, qu'on appelle *l'an de deuil.*

Le CONSUL CAMBACÉRÉS revient sur la disposition relative au mari, Il observe que plus on y réfléchit, et moins l'on en sent la nécessité. L'un des préopinans allègue des considérations de décence; mais des motifs de cette nature doivent-ils prévaloir sur l'urgence des conjonctures ! D'ailleurs, dans des temps où le sentiment délicat des convenances était la règle des actions, n'était-il pas commun de voir un veuf se remarier quarante jours après la mort de sa femme ! Il ne faut pas que le Code nouveau multiplie les entraves sans aucun profit pour la morale publique.

Le C. TRONCHET dit qu'en effet la défense faite à la femme a pour objet de prévenir la confusion de part; que la même raison ne subsiste pas pour le mari; et que le terme proposé serait trop long pour les cultivateurs, pour les artisans, enfin pour une foule d'individus de la classe du peuple, à qui le secours d'une femme est nécessaire par rapport à la conduite de leur ménage.

Le PREMIER CONSUL dit que l'inconvénient de la confusion de part n'a pas fait impression sur les anciens, puisque l'exemple d'*Auguste* prouve qu'ils épousaient des femmes enceintes. Quant au mari, il faut ou n'en pas parler, et l'abandonner aux mœurs et aux usages, ou lui interdire le mariage pendant un terme plus long : il serait inconvenant que le Code civil se montrât, sur ce point, plus indulgent que l'usage.

L'article est adopté avec le retranchement de la disposition relative au mari.

L'article II est soumis à la discussion; il porte :

« Les seconds et subséquens mariages ont les mêmes » effets que le premier.

» Ils donnent au mari et à la femme les mêmes » droits.

» Il en naît les mêmes obligations réciproques entre » le mari et la femme, le père et la mère et les enfans. »

Le CONSUL CAMBACÉRÈS demande s'il n'est pas à craindre que l'article ne semble préjuger les questions relatives aux dispositions entre maris et femmes.

Le C. TRONCHET répond que la faculté de disposer n'est pas un effet du mariage, mais un bénéfice de la loi.

Le C. DEFERMON observe que l'article est inutile, puisque les effets du mariage, tels qu'ils sont réglés ailleurs, sont communs à toute espèce de mariage.

L'article est supprimé.

Le C. PORTALIS présente le titre VI, intitulé, *du Divorce.*

Le chapitre I.er est ainsi conçu :

Art. I.er « Le divorce ne pourra être prononcé que » pour les causes déterminées par la loi. »

Art. II. « Ces causes, sont les sévices ou mauvais » traitemens, la conduite habituelle de l'un des époux » qui rend à l'autre la vie commune insupportable; la » diffamation publique; l'abandon du mari par la femme, » ou de la femme par le mari; l'adultère de la femme » accompagné de scandale public, ou prouvé par des » écrits émanés d'elle; celui du mari qui tient sa con- » cubine dans la maison commune. »

Le C. PORTALIS dit que les tribunaux se sont partagés sur le divorce : les uns le repoussent absolument, d'autres le modifient; deux l'admettent dans sa plus grande étendue, et même pour cause d'incompatibilité d'humeur.

De là trois questions préliminaires :

Faut-il admettre le divorce ?

Faut-il l'admettre seulement pour causes déterminées, ou même pour incompatibilité d'humeur ?

Faut-il admettre avec le divorce la séparation de corps ?

Il est important de s'éclairer sur la première de ces questions, parce qu'elle tient aux opinions religieuses.

Des tribunaux ont dit : Dans la religion catholique, le mariage est un sacrement ; il est indissoluble : le législateur peut-il l'admettre sans blesser la liberté des cultes ? S'il en a le droit, est-il prudent d'en user ? Il faut examiner ces deux questions secondaires.

Et d'abord, le législateur peut-il autoriser le divorce ?

La religion dirige le mariage par sa morale ; elle le bénit par le sacrement.

La morale de la religion proscrit le divorce et la polygamie ; mais la loi civile n'est pas obligée de se plier à tous les préceptes de la morale religieuse : s'il en était autrement, les lois ecclésiastiques deviendraient les seules lois de l'État ; parce qu'il n'est rien que la morale ne règle par ses préceptes.

Quand au rite, qui bénit l'union des époux, il suppose le mariage, et ne le forme pas. On ne peut donc dire que le mariage appartient en entier à la religion : il existait avant elle ; et on ne la fait intervenir que pour attirer la bénédiction du ciel sur un des engagemens les plus importans de la vie. Aussi le mariage a-t-il toujours été une des matières du droit civil ; toujours la loi civile en a déterminé les empêchemens dirimans, et les cas où il est dissous. C'est pour cette raison que quand les premiers Chrétiens trouvaient dans la loi civile quelque disposition qui leur semblait blesser leurs principes, ils ne la réformaient pas eux-mêmes par un réglement ecclésiastique ; ils s'adressaient aux empereurs, et sollicitaient la modification de la loi, de la seule puissance qu'ils reconnussent avoir le droit de régler la matière du mariage.

Il y a plus ; le principe de l'indissolubilité du mariage a été controversé dans l'église même : *Saint Épiphane* et *Saint Ambroise* ont cru que le divorce pouvait avoir lieu pour cause d'adultère. *Saint Augustin* est le premier qui ait fait adopter l'indissolubilité absolue ; et néanmoins l'Église grecque a conservé le principe de *Saint Ambroise* et de *Saint Épiphane* : l'Église romaine elle-même consentit à laisser à l'église grecque ses usages sur le divorce. Le projet de réunion, qui fut fait au treizième siécle, les maintenait : depuis, le concile de Trente donná un semblable exemple de condescendance ; il avaït d'abord préparé un décret pour anathématiser l'opinion contraire à l'indissolubilité absolue du mariage. Les ambassadeurs de Venise représentèrent que ce décret blesserait les Grecs habitans des îles soumises à la domination de leur république ; le concile changea son décret, et se borna à prononcer anathème contre ceux qui prétendraient que l'Église se trompe, lorsqu'elle déclare le mariage indissoluble : les premiers pères se contentaient d'exhorter l'épouse répudiée à ne pas se remarier. Cependant ils permettaient aux époux de dissoudre leur mariage pour embrasser la vie religieuse ; ce qui prouve qu'ils ne regardaient pas comme absolu le principe de l'indissolubilité.

Le divorce a été admis en France par les rois de la première race ; il l'a été successivement dans tous les pays policés. Il n'a été proscrit que lorsque le ministre du sacrement est devenu aussi le ministre de la puissance civile ; car il eût été absurde de le forcer à agir contre sa croyance. Aujourd'hui il n'y a plus de confusion ; le contrat civil est séparé du sacrement. L'Église a toujours reconnu cette distinction, et elle croit tellement que le mariage subsiste et est valable sans que le sacrement soit intervenu, qu'elle reconnaît les mariages des hérétiques et des infidèles, et ne les oblige pas de les réhabiliter lorsqu'ils se convertissent à la foi.

Le contrat de mariage, les causes qui le forment, les causes qui le dissolvent, sont donc exclusivement du domaine de la loi civile : ainsi le législateur peut autoriser le divorce.

Examinons maintenant s'il doit l'autoriser.

On a dit : La loi civile ne peut permettre le divorce, sans être en discordance avec la loi religieuse, qui le défend.

Le besoin de la langue a seul fait admettre cette expression *permettre, autoriser* le divorce. A parler exactement, la loi civile ne le permet ni ne l'autorise ; elle se borne à en prévenir l'abus. En effet, s'il n'y avait pas de loi, la volonté de chacun serait la seule règle dans cette matière ; chacun userait à son gré de la liberté ntaurelle : mais l'ordre public pourrait être blessé par cette liberté indéfinie ; et c'est pour empêcher ces désordres que la loi intervient. Elle ne donne pas une liberté que tous tiennent de la nature; elle ne parle que pour la restreindre et la circonscrire dans des limites qui ne pourraient être franchies sans que la société fût troublée. La loi s'arrête là, et abandonne ensuite à la conscience l'usage du divorce. Il n'y aura donc point de discordance entre les lois civiles et les lois religieuses. Celles-ci sont la morale; elles poursuivent le désordre jusqu'au fond des cœurs : la loi civile n'arrête que les désordres extérieurs, lorsqu'ils troublent la tranquillité publique. La morale prend l'homme là où la loi civile cesse de le régir : elle va donc plus loin que la loi civile; elle condamne ce que la loi civile ne doit pas apercevoir. C'est ainsi que l'ingratitude, que l'usurpation, sont des crimes aux yeux de la morale; tandis que la loi civile ne donne qu'en certaines occasions, action contre les ingrats; tandis qu'elle maintient les usurpations, lorsque le laps de temps en a masqué l'injustice. La loi civile dit ici : Je laisse à la conscience l'usage du divorce; mais si l'on en abuse contre l'ordre, je le défends.

Le législateur doit donc permettre le divorce si la politique le veut.

Pesons maintenant les motifs qui l'ont fait adopter par la politique.

Ils ont été mal exposés par la loi qui a introduit le divorce en France. Ce n'est point la liberté constitutionnelle qui en est la base ; car elle ne donne point de droits arbitraires; elle n'existe au contraire que lorsque l'usage de la liberté individuelle est soumis à des règles qui l'empêchent de troubler l'ordre public : et voilà pourquoi la loi permet et défend. Le véritable motif qui oblige les lois civiles d'admettre le divorce, c'est la liberté des cultes. Il est des cultes qui autorisent le divorce; il en est qui le prohibent : la loi doit donc le permettre, afin que ceux dont la croyance l'autorise puissent en user. Ainsi, le système du divorce doit être conservé dans la législation civile.

Avant d'aborder la deuxième question, le C. *Portalis* demande que le Conseil se prononce sur le principe.

Le Premier Consul met aux voix si le divorce sera conservé en France.

Le Conseil adopte en principe qu'il sera conservé.

Le C. Portalis reprend et discute la seconde

question, qui consiste à savoir qu'elle latitude on donnera à l'usage du divorce : l'autorisera-t-on seulement pour causes déterminées, ou même sur la simple allégation d'incompatibilité d'humeur !

La section s'est divisée sur cette question : l'opinion du C. *Portalis* est que si le divorce pour incompatibilité d'humeur était admis dans la législation, il n'y aurait plus de mariage.

Dans cette matière il faut consulter les faits, l'expérience, les motifs qui font ordinairement agir les hommes.

D'abord les faits.

Le divorce n'est pas une découverte que la philosophie puisse réclamer; il a commencé avec les nations sauvages: ainsi la philosophie est ici désintéressée, et peut examiner de sang-froid. Mais l'origine même du divorce est un préjugé contre lui : rarement l'enfance des nations est le temps de leur innocence.

Dans le principe, le divorce n'était qu'une répudiation de la femme par le mari; c'était l'abus de la force contre la faiblesse. On crut, dans la suite, qu'il était injuste de rendre si dure la condition de la femme; et on lui donna également le droit considérable de répudier son mari. On se trompa peut-être. Hors de la civilisation, et en l'absence des lois publiques, la loi de famille est la seule gardienne de l'ordre et des mœurs. Au surplus, le contrat de mariage, comme tous les autres contrats, ne pouvoit être rompu sans cause; et, dans les mœurs sauvages d'alors, cette cause était presque toujours la violence. Après que les mœurs se furent adoucies, le divorce fut admis, même sans cause; mais sous la condition que le mari qui en userait, donnerait à la femme répudiée la moitié de ses biens, et consacrerait l'autre moitié à la religion : on doit à cette condition, de n'avoir point vu de divorce chez les Romains pendant l'espace de cinq siècles. La cause de leur retenue était dans leur loi et non dans leurs mœurs; car, dans tous les siècles, les hommes se sont dirigés par leur intérêt. En effet, il est très-ordinaire de se tromper lorsqu'on parle des mœurs des nations : c'est à tort qu'on suppose que les mœurs sont moins corrompues dans un siècle que dans un autre, chez un peuple que chez un autre ; les passions étant les mêmes chez tous les hommes, elles ont toujours les mêmes résultats. La différence qu'on suppose entre les mœurs n'est jamais qu'entre les manières. Cependant, chez les Romains, l'autorité des exemples finit par ruiner la loi qui gênait les divorces.

Une autre cause encore contribua à les rendre plus fréquens; ce fut la distinction qu'on établit entre les diverses espèces de mariages. Tant qu'on ne connut à Rome que le mariage solennel, l'union conjugale fut sévèrement respectée : quand on eut introduit l'usage du mariage moins solennel, formé par la seule possession entre les personnes qui vivaient ensemble, la législation se relâcha de sa première austérité, et admit le divorce par consentement mutuel, comme pour les causes les plus graves.

La religion chrétienne survint, et influa sur la matière. *Justinien*, pour se rapprocher des préceptes religieux, défendit le divorce par consentement mutuel, et ne le permit que pour les causes les plus importantes. Depuis, ses successeurs ont changé cette jurisprudence, et le droit a continué de varier.

Telle est l'histoire de la législation ancienne du divorce.

Il importe maintenant d'examiner ce qu'était le divorce pour cause non déterminée, dans l'opinion des anciens.

On entend dire à quelques personnes que la sévérité de la loi qui rejette le divorce sans cause déterminée, avait corrompu les mœurs et introduit la licence. Les anciens ne pensaient pas ainsi. *Tacite*, *Juvénal*, beaucoup d'autres ont cru, au contraire, que la dépravation des mœurs était la cause la plus ordinaire de ces sortes de divorces; et c'est à ce sujet que *Juvénal* dit, d'une femme qui avait l'habitude d'en user, qu'elle pouvait compter le nombre de ses années par le nombre de ses maris. Aussi, quand on voulut rétablir les mœurs par l'austérité des lois, on mit des entraves au divorce; et (chose étonnante) l'évangile, qui interdit le divorce, a été suivi en ce point par tous les législateurs. Ceci est peut-être la preuve la plus forte que les mœurs corrompues ne repoussent pas toujours les lois sévères. Tous les hommes aiment naturellement la morale, quoique peu la pratiquent; et les lois morales ont du moins l'avantage de restreindre les vices; elles leur impriment une flétrissure d'opinion qui les rend moins actifs, en les obligeant de se cacher.

Le divorce pour incompatibilité d'humeur est donc jugé par l'opinion, non d'un public de coterie, mais du public de l'histoire, du public de la postérité. Il n'est pas un poete, pas un historien, qui ne blâme ceux qui usent du divorce. Il est même étonnant que les philosophes se montrent plus rigoureux à cet égard que les théologiens protestans.

Il s'agit maintenant d'examiner si l'on doit admettre en France ce divorce indéterminé contre lequel s'élèvent l'histoire, l'opinion, l'expérience.

Qu'est-ce que l'incompatibilité d'humeur! Le tribunal de cassation n'a pas émis d'opinion sur ce sujet; mais la majorité de la commission qu'il avait formée, dépeint la cause d'incompatibilité, un motif de divorce qui n'a pas besoin de preuves: elle l'admet, et veut qu'on en prévienne l'abus par des précautions multipliées. Mais qu'est-ce donc qu'une loi qui exige le secours de tant de précautions! Qu'arrive-t-il! les précautions tombent dans la suite des temps; la loi leur survit et reste. Est-il raisonnable de proposer une loi qu'il faut enchaîner comme une passion violente! Ainsi, du premier coup-d'œil, on voit combien ce système est extraordinaire. C'est avec grande raison que le membre du tribunal de cassation, qui l'a combattue, disait qu'il est difficile de concevoir comment on peut admettre une disposition qu'on avoue entraîner tant et de si grands dangers.

Si l'on considère en soi la nature du mariage et la nature du divorce, on arrive encore au même résultat.

Examinons donc maintenant ce que c'est que le mariage, et ce que c'est que le divorce.

Le mariage, dit-on, est un contrat: oui, sous le rapport de la manière dont il se forme, il est de la même nature que les autres contrats; mais il n'est plus un contrat ordinaire quand on l'envisage sous ses autres rapports. Serait-on libre de stipuler la durée de ce contrat essentiellement perpétuel, parce qu'il perpétue l'espèce humaine! Le législateur rougirait d'autoriser expressément une pareille stipulation; il frémirait si elle lui était présentée: et cependant on veut qu'il l'admette implicitement en adoptant cette cause d'incompatibilité d'humeur qui permet à chacun des époux de régler, à son gré, la durée du mariage! Cette liberté tacite est contre la nature du contrat.

Le mariage a encore un autre caractère: il ne subsiste pas pour les époux seuls; il subsiste pour la société, pour les enfans; il établit une famille. Faut-il, puisqu'il a tant d'importance, que les premières légèretés, que le premier caprice, soient capables de le détruire! *Montaigne* dit, avec raison, que le mariage est une chose trop sérieuse pour qu'on doive en sortir par une porte aussi enfantine que la légèreté. Mais, pour nous en mieux convaincre, suivons la dissolution du mariage dans ses effets. Le mari perd son autorité; la femme passe dans les bras d'un autre; les enfans ne savent à qui ils appartiennent.

Il faut une autorité dans la famille : la prééminence du sexe la donne au mari; s'il ne l'exerce point, il y a anarchie; s'il l'exerce, il y a divorce. C'est ainsi que la cause d'incompatibilité ruine l'autorité du mari, même avant qu'elle existe.

L'intérêt de la femme ne repousse pas moins le divorce indéterminé. Elle est entrée dans le mariage, entière, avec sa jeunesse, avec son honneur; elle en sort flétrie, vieille, dégradée : la loi peut-elle réparer ce malheur! Si elle ne peut le réparer, et qu'elle l'autorise, elle est sacrilége; si elle ne peut rendre, après le divorce, la dignité d'épouse et de mère, comment souffrirait-elle que la femme fût réduite à une position telle, qu'elle dût ou demeurer dans un célibat forcé, ou se réfugier dans les bras d'un homme qui n'aurait pour elle que du mépris! Aussi une expérience trop malheureuse a-t-elle éclairé les femmes sur le funeste don que leur avait fait la loi.

Si on se reporte maintenant aux enfans, on se rappellera ces lois anciennes qui avaient établi des peines pour les secondes noces, parce qu'elles supposaient qu'un père qui veut avoir d'autres enfans, qui a donné une marâtre aux fruits de sa première union, n'a plus pour eux la même tendresse : l'amour de la nouvelle épouse absorbe celui des enfans. C'est ainsi que le divorce met en contradiction, dans l'essence même du cœur humain, deux affections qui lui sont également naturelles.

S'il est des esprits que ces considérations ne persuadent pas, on leur demandera qu'est-ce que le divorce! c'est la séparation de deux époux. On ne veut pas qu'elle s'opère par consentement mutuel, et l'on consent à la voir s'effectuer pour cause d'incompatibilité! Mais pour qui s'effectuera-t-elle! pour l'intérêt d'un seul des époux. *Montesquieu* a dit que l'incompatibilité d'humeur est une cause suffisante de divorce, quand il n'y a pas d'autres causes : mais il suppose qu'elle subsistera des deux côtés, et qu'elle déterminera un consentement mutuel à la dissolution du mariage. Mais comment admettre le divorce par le consentement d'un seul, pour son intérêt, quand l'autre résiste! Vous voulez que la volonté d'un seul devienne la loi suprême; une volonté particulière, obscure, sans motifs, souvent dégoûtante. Que le divorce s'opère par la volonté de l'un des époux, quand il y a des causes réelles, on le conçoit; alors il est un châtiment pour l'autre : mais le divorce par incompatibilité d'humeur serait pour l'un un bienfait, pour l'autre un malheur.

Examinons maintenant la cause d'incompatibilité dans ses rapports avec les mœurs de la nation.

On les a défigurées ces mœurs; on a prétendu que la probité, que la décence, ne s'y montrent que par exception. J'aime, je respecte trop ma nation, dit le C. *Portalis*, pour donner mon assentiment à cette assertion erronée. Les Français sont légers, mais ils ont des vertus : c'est dans les campagnes qu'il faut aller chercher les mœurs françaises. Là, le scandale du divorce a été rejeté avec mépris; là, on n'a point usé du divorce; les tribunaux l'attestent : voilà le vœu de la nation. Cependant les Français sont légers : et c'est précisément cette mobilité que la loi doit fixer; elle est faite pour réformer les mœurs, non pour les pousser dans la fausse direction qu'elles ont prise.

On dit que la cause d'incompatibilité a l'avantage de masquer l'adultère, l'impuissance, en un mot toutes ces causes qui ne peuvent être énoncées sans offenser les oreilles chastes. Quoi ! on dit nos mœurs corrompues, et l'on nous accorde tant de délicatesse ! Il est vrai néanmoins que les mœurs sont quelquefois moins épurées que le langage; mais la loi doit toujours prendre le langage pour l'indice des mœurs. Cependant on s'abuse si l'on croit que la cause d'incompatibilité sera la sauve-garde de l'honneur; une femme dira au législateur : « Vous me » déshonorez en cachant la vraie cause de mon divorce; » vous donnez lieu à tous les soupçons; tandis que mon » mari, qui me répudie, ne me quitte qu'entraîné par » une passion honteuse. » Et quel inconvénient y a-t-il que les époux craignent la flétrissure, ou, bien plus, le ridicule qui suit l'adultère ! cette crainte peut les retenir dans le devoir.

Enfin, quand des époux sauront qu'ils ne peuvent pas se délier légèrement, ils seront plus attentifs à se complaire, plus exacts dans leurs obligations mutuelles, plus portés à se ménager, et à étouffer des semences de division qui souvent ne s'accroissent et n'amènent une rupture que parce qu'on sait qu'on peut se séparer. Que la générosité et le pardon, si naturels aux Français, soient avant tout pour leurs compagnes !

Le C. TRONCHET dit que cette question appartient plus aux sentimens qu'aux raisonnemens; qu'il en appelle à tout homme honnête et moral : aucun ne niera que la cause d'incompatibilité ne soit une source de dépravation.

Il y a de l'inconséquence dans le système adopté par la majorité de la commission du tribunal de cassation. Elle veut que le demandeur en divorce pour incompatibilité d'humeur, perde, indépendamment de ses avantages matrimoniaux, la moitié de ses biens.

Comment présenter, avec cette condition, ce qu'on prétend être un remède offert à celui qu'on suppose opprimé! comment punir celui-ci en faveur du coupable! Cependant cette précaution est la seule qui puisse arrêter le divorce pour cause d'incompatibilité. Les délais et toutes autres précautions ne produiraient pas cet effet; on persisterait, par amour-propre, dans une demande que l'on n'aurait formée que par légèreté.

Au reste, l'incompatibilité d'humeur, d'après ceux qui proposent cette cause de divorce, ne serait admise que lorsqu'elle irait jusqu'à rendre aux époux la vie insupportable. Or, il est impossible qu'elle arrive à ce degré sans se manifester par des faits qui deviennent des causes déterminées de divorce. La cause d'incompatibilité d'humeur est donc inutile.

Le C. MALEVILLE assure que si le tribunal de cassation, dont il est membre, eût été consulté, il n'eût pas adopté l'avis des trois membres de sa commission sur la cause d'incompatibilité; que ce tribunal s'en est expliqué.

Le C. TRONCHET dit qu'il faut, dans cette matière, consulter aussi l'opinion publique; qu'elle s'est expliquée par les tribunaux. Tous, ou ont rejeté la cause d'incompatibilité, ou, comme celui de Paris, ont demandé qu'elle fût prouvée par des faits; ce qui rentre dans le système des causes déterminées.

Le PREMIER CONSUL dit que cependant le tribunal d'appel de Paris semble admettre la cause d'incompatibilité. Il veut que deux individus qui ne peuvent vivre ensemble soient séparés sans déshonneur, pourvu que quelques faits viennent à l'appui de l'allégation de l'incompatibilité.

Le C. TRONCHET répond que le tribunal d'appel

de Paris, en examinant cette expression du Projet, *rend la vie insupportable*, la trouve sans inconvénient, parce qu'il est impossible que cette situation ne paraisse pas par quelques faits faciles à prouver : or, si le tribunal admet la nécessité d'une preuve, il rejette évidemment la simple allégation.

Le PREMIER CONSUL dit que le jugement qui prononcerait le divorce serait déshonorant, s'il était fondé sur des faits prouvés. Un homme honnête ne rend point la vie insupportable à sa compagne ; mais l'incompatibilité d'humeur entre deux individus qui ne sont pas organisés de même, ne porte aucune atteinte à leur moralité.

Le C. TRONCHET objecte que la malignité se plairait à répandre que le prétexte d'incompatibilité a été employé pour cacher des choses plus honteuses.

Il observe qu'au surplus il n'entend proscrire que la simple allégation, et qu'il admettrait l'incompatibilité prouvée.

Le C. BOULAY dit qu'un des motifs qui ont décidé son opinion contre la cause d'incompatibilité, c'est que la procédure en divorce sera secrète dans tous les cas.

Le PREMIER CONSUL dit que peut-être la procédure publique serait utile lorsque le divorce serait demandé pour une cause grave, parce que la crainte du déshonneur pourrait retenir les époux dans le devoir.

Le C. RÉAL dit que lorsqu'un époux aura demandé le divorce pour cause d'adultère et qu'il aura succombé dans sa demande, le sort de sa femme sera affreux, si elle est forcée de retourner avec lui ; que cependant elle ne pourra se prévaloir, pour demander le divorce, de la cause de diffamation, puisque la plaidoirie aura été secrète.

Le C. PORTALIS répond qu'une telle accusation est diffamatoire et calomnieuse, même lorsque la procédure a été secrète, et qu'elle autorise la femme à rompre avec un mari qu'elle ne juge plus digne de la posséder.

Le PREMIER CONSUL dit que le système du C. *Portalis* se réduit à ceci. Le principe de la liberté des cultes exige qu'on admette le divorce ; l'intérêt des mœurs demande qu'on le rende difficile. Ainsi, dans ce système, ce n'est pas par des vues politiques que le divorce est admis ; il ne le serait pas s'il n'était dans les principes d'aucun culte. D'un autre côté, il deviendrait si difficile et si déshonorant qu'il serait en quelque sorte exclu.

Le C. PORTALIS répond qu'il ne propose point d'ôter le divorce à un peuple qui en est en possession depuis dix ans; qu'il ne croit point que toute demande en divorce soit déshonorante; mais que quand elle l'est, peu importe; qu'au surplus, il ne veut rendre le divorce en soi ni déshonorant ni impossible.

Le PREMIER CONSUL dit qu'il est permis de se marier à quinze et à dix-huit ans, c'est-à-dire, avant l'âge où il est permis de disposer de ses biens : croit-on que cette exception faite en faveur du mariage aux principes généraux sur la majorité, doive faire établir que, quoique l'un des époux ait reconnu l'erreur dans laquelle il est tombé à un âge aussi tendre, il ne pourra néanmoins la réparer sans se flétrir! C'est tout au plus ce qu'on pourrait décider si le mariage n'était autorisé qu'à vingt ans et à vingt-un ans. On a dit que le divorce pour incompatibilité est contraire à l'intérêt des femmes, des enfans, et à l'esprit de famille. Mais rien n'est plus contraire à l'intérêt des époux, lorsque leurs humeurs sont incompatibles, que de les réduire à l'alternative ou de vivre ensemble, ou de se séparer avec éclat. Rien n'est plus contraire à l'esprit de famille qu'une famille divisée. Les séparations de corps avaient autrefois, par rapport à la femme, au mari, aux enfans, à la famille, à-peu-près les mêmes effets qu'a le divorce; cependant elles étaient aussi multipliées que les divorces le sont aujourd'hui : mais elles avaient cet inconvénient, qu'une femme déhontée continuait de déshonorer le nom de son mari, parce qu'elle le conservait. Le respect pour les cultes obligera d'admettre la séparation de corps; mais il ne serait pas convenant de restreindre tellement le divorce par les difficultés qu'on y apporterait, que les époux fussent tous réduits à n'user que de la séparation.

L'article II du Projet spécifie des causes pour lesquelles il admet le divorce : mais quel malheur ne serait-ce pas que de se voir forcé à les exposer, et à révéler jusqu'aux détails les plus minutieux et les plus secrets de l'intérieur de son ménage! le système mitigé de l'incompatibilité prévient à la vérité, ces inconvéniens; cependant comme il suppose des faits et des preuves, il est aussi flétrisant que le système des causes déterminées.

D'ailleurs ces causes, quand elles seront réelles, opéreront-elles toujours le divorce ! La cause de l'adultère, par exemple, ne peut obtenir de succès que par des preuves toujours très-difficiles, souvent impossibles. Cependant le mari qui n'aurait pu les faire, serait obligé de vivre avec une femme qu'il abhorre, qu'il méprise, et qui introduit dans sa famille des enfans étrangers. Sa ressource serait de recourir à la séparation de corps ; mais elle n'empêcherait pas que son nom ne continuât à être déshonoré.

Le Consul se résume en demandant si les deux articles du Projet dispenseront les personnes qui voudront user du divorce, de recourir à la séparation de corps.

Le C. PORTALIS observe que les causes du divorce étant, d'après le Projet, celles qui feraient obtenir la séparation, les difficultés et les facilités seront les mêmes pour les deux modes.

Il répond aux objections qui lui ont été faites. Il dit qu'en autorisant le mariage à quinze et à dix-huit ans, la loi exige aussi le consentement du père ou de la famille ; qu'ainsi elle a pris toutes les précautions qui étaient en son pouvoir pour empêcher le mineur d'être surpris.

Au surplus, il ne faut peut-être pas conclure des autres contrats au contrat de mariage. Dans les autres contrats la nature reste muette : elle influe sur le contrat de mariage. De là les distinctions que font les lois entre deux espèces de majorité. Le mariage est sans doute une affaire très-sérieuse ; mais la tendresse des pères doit rassurer contre les surprises auxquelles sont exposés les enfans mineurs. Ces mineurs eux-mêmes ont, à cet égard, une maturité que leur donne le sentiment, et qu'on peut prendre pour guide toutes les fois qu'ils ne sont pas obstinés à former un mariage inconvenant et mal assorti.

Le PREMIER CONSUL dit que le mariage n'est pas toujours, comme on le suppose, la conclusion de l'amour. Une jeune personne consent à se marier, pour se conformer à la mode, pour arriver à l'indépendance et à un établissement ; elle accepte un mari d'un âge disproportionné, dont l'imagination, les goûts et les habitudes ne s'accordent pas avec les siens. La loi doit donc lui ménager une ressource pour le moment où l'illusion cessant, elle reconnaît qu'elle se trouve dans des liens mal assortis, et que sa volonté a été séduite.

Le C. Portalis dit qu'il y a des inconvéniens des deux côtés. Cependant, ajoute-t-il, si l'on déshonore le mariage, les passions gagnent; elles perdent au contraire, si le mariage est stabilité.

Au reste, on aperçoit mieux les inconvéniens du système, parce qu'ils sont plus sensibles; on aperçoit moins ceux qu'il prévient, parce qu'ils sont plus cachés. Pour ne pas tomber dans l'erreur, il faut balancer les uns et les autres. Le contrat de mariage doit au moins avoir autant de solidité que les autres contrats. Tout père de famille tremblerait si le divorce était rendu trop facile, et si la durée du mariage dépendait du libre arbitre de chacun des époux. A la vérité, dans le système proposé, quelques individus seront malheureux : mais le mariage n'est pas seulement institué pour les époux; l'époux n'est là que le ministre de la nature pour perpétuer la société. La société, dans ce contrat, vient s'enter sur la nature. Le mariage n'est pas un pacte, mais un fait; c'est le résultat de la nature, qui destine les hommes à vivre en société.

Le Premier Consul pense que le mariage prend la forme des mœurs, des usages, de la religion de chaque peuple. C'est par cette raison qu'il n'est pas le même partout; il est des contrées où les femmes et les concubines vivent sous le même toit, où les esclaves sont traités comme les enfans. L'organisation des familles ne dérive donc pas du droit naturel : les ménages des Romains n'étaient pas organisés comme ceux des Français.

Les précautions établies par la loi pour empêcher qu'à quinze et à dix-huit ans on ne contracte avec légèreté un engagement qui s'étend à toute la vie, sont certainement sages; cependant, sont-elles suffisantes! Qu'après dix ans de mariage, le divorce ne soit plus admis que pour des causes très-graves, on le conçoit: mais puisque les mariages contractés dans la première jeunesse, sont si rarement l'ouvrage des époux; puisque ce sont les familles qui les forment d'après certaines idées de convenances, il faut que les premières années soient un temps d'épreuves; et que, si les époux reconnaissent qu'ils ne sont pas faits l'un pour l'autre, ils puissent rompre une union sur laquelle il ne leur a pas été permis de réfléchir. Cependant, cette facilité ne doit favoriser ni la légèreté, ni la passion. Qu'on l'entoure donc de toutes les précautions, de toutes les formes propres à en prévenir l'abus; qu'on décide, par exemple, que les époux seront entendus dans un conseil secret de famille, formé sous la présidence du magistrat; qu'on ajoute encore, *si l'on veut*, qu'une femme ne pourra user qu'une seule fois du divorce; qu'on ne lui permette de se remarier qu'après cinq ans, afin que le projet d'un autre mariage ne la porte pas au divorce; qu'après dix ans de mariage, la dissolution soit rendue très-difficile. On a donc des moyens de restreindre les effets de la cause trop vague de l'incompatibilité d'humeur.

Le C. BOULAY dit qu'il ne regarde pas l'allégation d'incompatibilité comme une cause de divorce qui soit immorale dans tous les cas. Un époux vertueux se trouve lié à une épouse adultère; plus il a de mœurs, et plus elle lui inspire d'horreur : il veut donc la repousser; mais les preuves lui manquent; s'il en a, la commisération, l'honneur de ses enfans, son propre honneur, l'empêchent de s'en servir, précisément parce qu'il a de la morale; il ne lui reste de moyen de briser le joug qui l'accable, que dans l'incompatibilité d'humeur.

Le C. PORTALIS répond que cette hypothèse est favorable; mais qu'il faut voir aussi celle où un époux corrompu abuserait de la cause d'incompatibilité pour chasser une épouse vertueuse et fidèle.

Le C. BOULAY continue, et déclare que cependant il rejette la simple allégation d'incompatibilité, attendu que, dans la masse de ses effets, elle serait plus désastreuse qu'utile.

Le C. MALEVILLE dit que le mariage n'est plus qu'un concubinage, si la volonté de l'une des parties suffit pour le dissoudre : on n'oserait plus se marier.

La cause d'incompatibilité n'a été admise chez aucun peuple : les Romains même n'ont admis le divorce par consentement mutuel, que par une erreur évidente; ils mettaient le contrat de mariage sur la même ligne que les autres contrats. *Henri VIII* avait introduit en Angleterre la cause d'incompatibilité : depuis, elle a été abrogée; et le divorce n'est plus admis que pour cause d'adultère; encore faut-il un acte du parlement.

On fait valoir la considération de la jeunesse des époux; mais la jeunesse est précisément l'âge où l'on abusera le plus de la cause d'incompatibilité.

Il importe à la République que l'institution du mariage

soit respectée. Cependant à Rome, il n'y eut plus de mariage quand les divorces devinrent fréquens.

Le C. TRONCHET réduit la question à savoir si l'on doit permettre la dissolution du mariage pour motif non prouvé. Or, le mariage est un acte important ; il est la base de la société : on doit donc l'entourer de tout ce qui peut le faire respecter et chérir. Ce motif a porté tous les peuples à repousser le divorce pour causes indéterminées.

Ce qu'on a dit de la situation fâcheuse où se trouve un mari qui sait sa femme adultère et qui ne veut pas divulger ce scandale, ne peut pas faire d'impression : on doit juger chaque chose par la masse des effets et des inconvéniens qu'elle produit. Si donc on compare quelques inconvéniens qui suivent l'exclusion de la simple allégation d'incompatibilité, avec l'ouverture large que son admission présente aux passions et aux caprices, on demeure convaincu que ce dernier inconvénient est infiniment plus grave et plus fréquent que les autres.

L'objection tirée de l'état des mineurs est plus frappante.

Mais si, malgré l'assistance du père et de la famille, un mineur se trouve lésé, et qu'on croye juste de lui accorder la restitution en entier, il ne pourra l'obtenir, si l'on suit exactement les principes des contrats, qu'autant qu'il prouvera la lésion.

Le MINISTRE DE LA JUSTICE dit que toutes les lois ont leurs inconvéniens ; que la meilleure est celle qui en a le moins. Le divorce pour incompatibilité, peut, en quelques cas, être un remède salutaire ; mais cet avantage n'est rien devant l'inconvénient de compromettre le mariage lui-même. Qu'est-ce, en effet, qu'une cause de divorce qu'on ne peut prouver ! ce ne peut être qu'un caprice, puisque, s'il y a quelque cause réelle, la loi en fait une cause de divorce.

Au reste, l'expérience éclaire sur les deux systèmes. Dans la législation ancienne, on ne connaissait pas la cause d'incompatibilité, et on ne prononçait la séparation de corps que pour des cas graves ; et cependant, dans ce système, les époux n'en étaient pas plus malheureux : la patience étouffait les premiers germes de division, les accoutumait insensiblement l'un à l'autre, et finissait par en faire des époux unis. Depuis qu'il y a plus de facilité pour se quitter, les divorces sont devenus innombrables.

Le C. EMMERY dit que *Montesquieu* regarde l'incompatibilité d'humeur comme la cause la plus puissante pour rompre le mariage, mais par le divorce seulement, et non par la répudiation de la part d'un seul, laquelle, dans cette discussion, on confond mal-à-propos avec le divorce.

Par les lois romaines, la répudiation n'était d'abord permise qu'au mari, et seulement en trois cas : lorsque la femme était adultère; lorsqu'elle avait formé des desseins sur sa vie; lorsqu'elle se servait de fausses clefs.

La répudiation a été ensuite permise à la femme, et alors elle est devenue plus générale. Alors aussi, parce que l'un et l'autre époux avaient le droit de répudiation, et que la volonté d'en user se rencontrait quelquefois dans tous les deux, on a reçu le divorce pour le cas où ce concours existerait, et on l'a admis sans cause. Il n'y a donc de vrai divorce que par consentement mutuel : lorsqu'un seul demande la dissolution du mariage, on doit exiger des causes; et alors il n'y a plus de divorce, il y a répudiation. La faculté donnée à un seul des époux de rompre le mariage sans cause prouvée serait une tyrannie. L'incompatibilité ne peut donc être admise que lorsqu'elle est mutuelle.

Ce système, au surplus, est très-propre à cacher les causes honteuses du divorce. Presque toujours celui qui aura lieu de craindre qu'on ne les allègue contre lui, se prêtera au divorce par consentement mutuel, afin d'éviter un éclat qui le couvrirait de honte.

Le CONSUL CAMBACÉRÈS dit que si l'on admettait le divorce par consentement mutuel, il serait nécessaire de déclarer les époux qui en auraient usé, incapables de contracter ensemble un mariage nouveau. Autrement l'on abuserait de ce moyen pour opérer un divorce fictif dont l'objet réel serait de changer les conventions matrimoniales.

Le C. CRETET dit qu'on a prouvé, à la vérité, les dangers du divorce pour simple allégation d'incompatibilité; mais qu'on n'a pas cherché le moyen d'en corriger les inconvéniens.

Ce moyen consisterait peut-être à soumettre d'abord les époux à l'épreuve d'une séparation momentanée, mais assez longue pour leur donner le temps de réfléchir; d'essayer, en quelque sorte, la vie qui les attend après le divorce; de laisser calmer les passions impétueuses, et de donner lieu à des regrets que le temps amène souvent, et qui infailliblement viendraient trop tard, si le mariage avait été d'abord rompu : mais cette séparation ne devrait pas être absolue.

Le PREMIER CONSUL dit que, dans l'état de la discussion, la première question qu'il paraisse nécessaire de traiter, est celle de savoir si le divorce par consentement mutuel sera admis.

Le C. BIGOT-PRÉAMENEU soutient que ce divorce est inadmissible. Le contrat de mariage n'appartenant pas aux époux seuls, ne peut être détruit par eux : les enfans, la société, y sont parties intéressées.

Le PREMIER CONSUL dit que le mariage ayant été formé sous l'autorisation des familles, on pourrait exiger cette même autorisation pour le dissoudre par le consentement mutuel, afin qu'il ne fût rompu que de la même manière qu'il a été contracté. Cette condition du consentement de la famille serait une garantie que le mariage ne serait dissous que pour des causes graves et réelles ; et cependant il existerait un moyen de couvrir les causes de divorce que l'intérêt des mœurs ne permet pas de divulguer.

Le MINISTRE DE LA JUSTICE observe que, jusqu'ici, les conseils de famille ont été de peu de secours. Les hommes sont naturellement égoïstes ; ils sont froids pour les affaires d'autrui. On ne trouve guère l'esprit de famille que dans les ascendans et dans les descendans. L'expérience prouve que les parens n'interviennent ordinairement dans les divorces que d'une manière toute machinale ; qu'ils se prêtent à tout ce qu'on veut, et semblent ne satisfaire qu'à une simple formalité.

Le C. BIGOT-PRÉAMENEU dit que si l'on exige que le conseil de famille se décide d'après des preuves, ce ne sera qu'un tribunal intérieur ; qu'ainsi il n'y aura de changement que dans la forme. Mais il importe d'examiner, avant tout, si les preuves sont exigées.

Le C. BOULAY dit que l'idée de faire intervenir la famille est dans la nature des choses : si, par le passé, cette intervention n'a produit que peu d'effet, c'est que les lois révolutionnaires avaient dissous les familles.

Le PREMIER CONSUL dit qu'on se méprend sur son système. Ce n'est pas un tribunal de famille qu'il veut, c'est le consentement de la famille, ou plutôt des deux familles. Le tribunal public serait le seul qui prononcerait le divorce, mais sans procédure et sans examen, quand les époux lui auraient justifié de ce double consentement. Il faudrait que les pères, les mères, en un mot tous les parens, appelés des deux côtés, eussent été unanimes. Leur aveu serait une garantie suffisante qu'il y a des causes réelles de divorce ; car ils ont intérêt de maintenir un mariage qu'ils ont formé, et ils ne partagent pas l'égarement et les passions qui peuvent faire agir les époux.

Le C. PORTALIS dit qu'il n'adopte le divorce par consentement mutuel sous aucun rapport ; mais que, si l'opinion contraire était suivie, il faudrait du moins que la faculté de se divorcer de cette manière fût restreinte au cas où il n'y aurait pas d'enfans.

Le C. EMMERY admet que l'autorité qui a formé le mariage intervienne pour le dissoudre, quand le divorce est demandé par consentement mutuel par des époux mineurs ; mais il voudrait que lorsque les époux sont majeurs, ils fussent abandonnés à leur propre discernement.

Le PREMIER CONSUL dit qu'ils doivent toujours être considérés comme mineurs, parce que les passions ne leur permettent pas d'user de leur maturité d'esprit.

Le CONSUL CAMBACÉRÉS dit que le mode proposé est ingénieux, en même temps qu'il ne blesse point la réciprocité, première loi des contrats. En effet, parmi les antagonistes du divorce, on en remarque peu qui s'élèvent contre cette institution, lorsqu'elle est fondée sur le changement de volonté des deux époux : ici il est question de faire du consentement mutuel une véritable ressource, pour laisser à des époux qui se méprisent ou se détestent, des moyens de se désunir sans les assujettir à une preuve souvent impossible, et sans les exposer à des révélations dont la pudeur serait alarmée.

Toutefois, le Consul estime qu'il serait dangereux de subordonner le succès de cette demande au consentement donné par des collatéraux, que des raisons d'intérêt rendraient injustes ou difficiles. Il n'en est pas de même de l'aveu des ascendans : l'intervention nécessaire de ceux à qui les époux doivent la naissance, peut souvent servir à les rapprocher. Il reste à examiner si ce divorce doit être admis quand il y a des enfans de l'union. Au premier aspect il semble que la négative doive prévaloir. Le mariage est un contrat dans lequel les enfans sont des tiers intéressés : or, s'il est vrai de dire que la convention peut être annullée par la volonté de ceux qui l'ont formée, il est également vrai de dire qu'elle doit subsister si, en la détruisant, l'on préjudicie à des tiers : qui peut douter que des enfans en minorité n'aient à souffrir d'une résolution qui les rend orphelins, et qui, pour ainsi dire, ne leur laisse plus de maison, de famille ? D'un autre côté, le divorce par consentement mutuel, paraissant, dans la proposition qui est faite, n'avoir essentiellement pour objet que de garantir les époux et leur postérité de cette espèce d'opprobre que le préjugé se plaît à répandre, peut-être y aurait-il de l'avantage à permettre le divorce par consentement mutuel, lors même que les deux époux ont des enfans.

Le PREMIER CONSUL dit que le divorce par consentement mutuel ne devrait pas être admis après dix ans de mariage, et sans l'autorisation des ascendans ; que cependant, à défaut d'ascendans, on pourrait appeler des hommes graves par leur réputation et par leur âge, qui porteraient, par rapport à l'opinion publique, la responsabilité du divorce, et qui l'arrêteraient elle-même dans ses écarts, si elle interprétait mal les causes du divorce.

Le tribunal serait obligé de suivre la décision de ce jury.

Le C. TRONCHET dit qu'on ne voit pas facilement quelle serait l'utilité de l'intervention de la famille. Si c'est pour réconcilier les époux, elle sera sans succès ; jamais un conseil de famille ne rapprochera des époux las l'un de l'autre. Si la famille devient juge, elle ne sera pas impartiale ; elle se divisera ; et chacun, suivant ses inclinations et ses rapports, prendra parti entre les époux. Voudra-t-on, pour empêcher cet effet, que la famille prononce d'après les motifs secrets des demandeurs ? alors elle n'est plus qu'un tribunal, et le divorce a lieu pour causes déterminées. Les parens, d'ailleurs, ne mettent jamais un grand intérêt à ces sortes de discussions : les amis épousent les intérêts de l'époux avec lequel ils sont le plus liés.

En général, il ne faut pas perdre de vue l'importance du mariage. Ce contrat ne doit être présenté, même dans l'ordre civil, que comme un engagement sacré : ainsi, tout ce qui tend à l'affaiblir est dangereux. Le mariage perd sa dignité, et on le contractera avec moins d'attention, s'il est possible que les volontés qui l'ont formé le dissolvent.

Le PREMIER CONSUL dit que dans le système du C. *Emmery*, le consentement mutuel n'est pas la cause du divorce, mais un signe que le divorce est devenu nécessaire; il couvre toutes les causes scandaleuses. Ainsi le tribunal prononcera le divorce, non parce qu'il y aura consentement mutuel, mais quand il y aura consentement mutuel : il s'arrêtera à ce signe, et n'ira pas jusqu'aux causes réelles qui peuvent avoir amené la rupture entre les époux.

Le divorce ne devrait être admis que pour cause d'adultère ; c'est la seule, en effet, qui rompe l'engagement du mariage. Pour toutes les autres causes, on ne prononcerait le divorce que par consentement mutuel, pourvu que les familles y consentissent. Ce mode écarterait le divorce pour incompatibilité, lequel, dans la vérité, blesse l'essence du mariage.

Le C. TRONCHET dit que le système de la section a aussi l'avantage d'ensevelir la procédure dans le secret. La cause serait plaidée à huis clos ; les procédures demeureraient cachées dans le greffe ; le jugement n'exprimerait pas la cause du divorce.

Ce qu'on doit sur-tout craindre dans l'autre système, c'est l'indulgence des familles, c'est leur intérêt ; car, puisqu'ordinairement cette dernière cause porte l'un des époux à résister au divorce, elle peut aussi déterminer l'opinion de la famille.

Le PREMIER CONSUL dit que le système du consentement mutuel, tel qu'il est proposé, est même plus rigoureux que le Projet de la section. Les articles de ce dernier Projet sont vagues ; et en admettant, pour le divorce, des causes très-légères, ils détruisent la belle théorie sur laquelle ils sont fondés.

Le C. BIGOT-PRÉAMENEU observe que, devant le conseil de famille, les époux s'accorderont pour alléguer et avouer tous les faits qui peuvent conduire à un divorce qu'ils desirent également ; qu'ainsi le divorce par consentement mutuel se trouverait rétabli sans modifications.

Le PREMIER CONSUL dit qu'il ne propose pas d'établir un conseil de famille proprement dit ; que chacun des époux prendrait séparément l'autorisation de la sienne. Si un seul des ascendans refuse son consentement, il n'y a pas de divorce.

Le C. DEVAISNE dit que quand la véritable cause de la demande en divorce sera l'impuissance ou les sévices, le défendeur ne se prêtera pas à le laisser prononcer par consentement mutuel.

Le C. TRONCHET dit que le système de n'admettre le divorce que pour cause d'adultère et par consentement mutuel, entraînerait deux inconvéniens.

Elle priverait les parties du droit de faire valoir d'autres causes légitimes de divorce, si la famille n'y avait pas égard.

Elle ouvrirait, sous un autre rapport, la porte à toutes les causes de divorce, s'il plaisait à la famille de les adopter.

On a dit contre le Projet de la section, qu'il permet le divorce pour des causes légères; par exemple, pour des mauvais traitemens qui sont tels qu'ils ne méritent pas qu'on leur donne quelque importance. Mais il faut observer que le Projet se sert du mot *sévices*, qui signifie des mauvais traitemens graves, suivant la condition des époux; des mauvais traitemens habituels. Cependant si l'on ne peut obtenir le divorce en justice que pour cause d'adultère, et que pour toute autre cause il ne puisse être prononcé que par consentement mutuel, jamais on n'obtiendra ce consentement du mari qui maltraite sa femme; et qui a intérêt de ne pas rendre la dot. Alors l'action de la famille est paralysée, et le divorce devient impossible.

Ensuite la famille se trouvera embarrassée, si la loi ne lui donne pas de règle; ou, maîtresse de ses décisions et indifférente aux intérêts des époux, elle consentira à un divorce sans cause réelle.

Le PREMIER CONSUL pense qu'en général les sévices sont des causes de séparation et non de divorce.

Il est d'ailleurs difficile de prouver que les sévices que se permet l'un des époux rendent la vie insupportable à l'autre.

Le C. TRONCHET dit qu'il n'avait pas conçu d'abord que dans le système du consentement mutuel, l'adultère serait si absolument la cause unique du divorce, que toutes les autres ne dussent donner lieu qu'à la séparation. S'il en est ainsi, ajoute-t-il, le mariage acquerra une grande dignité.

La discussion est continuée à la prochaine séance.

La Séance est levée.

À PARIS, DE L'IMPRIMERIE DE LA RÉPUBLIQUE, 16 Brumaire an X.

www.ingramcontent.com/pod-product-compliance
Ingram Content Group UK Ltd.
Pitfield, Milton Keynes, MK11 3LW, UK
UKHW021040260726
13994UKWH00005B/2284